ONKEL KETHE

Just Steaks

PERFEKTION | LEIDENSCHAFT | GENUSS

IMPRESSUM

HEEL Verlag GmbH
Gut Pottscheidt
53639 Königswinter
Tel.: 02223 9230-0
Fax: 02223 9230-13
E-Mail: info@heel-verlag.de
www.heel-verlag.de

© 2018 HEEL Verlag GmbH

Coverfoto: Marco Plundrich
Fotos: Sandra Then, Bonn
Gestaltung: Stephanie Globert
Grafiken: Stephanie Globert
Projektleitung: Christine Birnbaum

Die Fotografin Sandra Then arbeitet in den Bereichen Portrait, Schauspiel und Oper, Reportage und Food. Ihre Bilder sind international in Ausstellungen vertreten.

Alle Rechte, auch die des Nachdrucks, der Wiedergabe in jeder Form und der Übersetzung in andere Sprachen, behält sich der Herausgeber vor. Es ist ohne schriftliche Genehmigung des Verlages nicht erlaubt, das Buch und Teile daraus auf fotomechanischem Weg zu vervielfältigen oder unter Verwendung elektronischer bzw. mechanischer Systeme zu speichern, systematisch auszuwerten oder zu verbreiten.

Dieses Buch und die darin enthaltenen Rezepte wurden nach bestem Wissen und Gewissen verfasst. Weder der Verlag noch der Autor tragen die Verantwortung für ungewollte Reaktionen oder Beeinträchtigungen, die aus der Verarbeitung der Zutaten entstehen.

– Alle Rechte vorbehalten –
– Alle Angaben ohne Gewähr –

Printed in Slovenia
ISBN: 978-3-95843-756-2

ONKEL KETHE

Just Steaks

PERFEKTION | LEIDENSCHAFT | GENUSS

FOTOS SANDRA THEN

HEEL

Inhalt

Vorwort	6
Zubereitungsmöglichkeiten	10
Welcher Fleischtyp bist du?	12
Kerntemperaturen & Gargrade	14
Zubehör	16
Fakten & Tricks	18

Rind

Cuts – Übersicht Rind	22
Hanging Tender Korean Style	24
Tri-Tip Whiskey flavored	26
Flat Iron mit geschmolzenen Kirschtomaten	28
Entrecôte Mediterranean	30
Ribeye Lemon Style	32
Ribeye „Heavy Crusted" – Reverse	34
Tomahawk Caveman Style	36
Tomahawk Eisenhower Style	38
Spidersteak vom Salzstein	40
Flank Steak Buttered and Reverse	42
Flank Steak Naked Sandwich von der Planke	44
Picanha Classico	46
Cap of Ribeye Pinwheels	48
T-Bone Wolfgang Style	50
Porterhouse Steak aus dem Wildkräuterbad	52
Shell Steak unter Kakaoschale	54
Hüftsteak aus der Salzkruste	56
Hüftsteak Orange glazed	58
Rinderfilet aus dem Whiskeytuch	60
Rinderfilet Saltimbocca Style	62
Rumpsteak mit Parmesankruste	64
Rumpsteak „Blackened"	66
Skirt Steak mit Sucuk-Crumble	68
Skirt Steak flambiert	70
Just Steak	72

Schwein

Cuts – Übersicht Schwein	76
Kachelfleisch Gin infused	78
Kachelfleisch Naked Burger	80
Schweinefilet aus dem Zedernwickel	82
Schweinefilet Italian Style	84
Presa mit Oliven	86
Pluma Asian	88
Secreto purista	90
Secreto vietnamesisch	92
Nackensteak Bigbutter Style	94
Schweinenacken Honey glazed	96
Schweinelachs mit Ajvar	98
Schweinelachs BBQ glazed	100
Schweinekotelett aus dem Bananenblatt	102
Schweinekotelett mit Salbeibutter	104
Double Cut Bacon grilled	106
Pork Belly Burnt Ends	110

Beilagen

Chimichurri	114
Zhug	114
Grilled Ajvar	116
Salsa Verde	116
Gremolata	118
Teriyaki Sauce	118
Fruity Salsa	120
Aioli	120
Pesto	122
Blue Cheese Sauce	122
Gewürze	124
Messer	128
Schleifer	130
Olivenöl	132
Danksagung	134
Grillanzünder	138

Kohlegrill   direktes Grillen

Gasgrill   indirektes Grillen

Zubehör

VORWORT

Just Stunk

Moinsen,

Fleisch in seiner schönsten Form und so puristisch und einfach wie nur möglich gehalten. Ohne viel Schnickschnack und Chichi. In einer ausgezeichneten Qualität und mit viel Leidenschaft zubereitet. Darum soll es gehen in diesem Buch. Nicht mehr, aber auch nicht weniger.

Aufgrund meiner Lehre als Koch, in der ich zum Schluss den „Saucier" gerockt habe, und den vielen Erfahrungen, die ich bereits über meinen Blog „Onkel Kethe" sammeln konnte, habe ich schon viel experimentiert und probiert.

Dazu gehört es natürlich, mit verschiedenen Veredelungsmethoden zu arbeiten, außergewöhnliche Cuts zuzubereiten oder auch einfach mit korrespondierenden Gewürzen zu experimentieren.

Es bereitete mir schon immer sehr viel Freude, mit verschiedenen Aromen und Texturen zu „spielen". In meiner Ausbildung zum Koch sagte mein Küchenchef immer nur: „Mach es lecker!". Dabei war es zu Beginn alles andere als einfach, bestimmte Geschmäcker zu treffen.

Doch mit der Zeit lernt man die Feinheiten verschiedenster Gewürze und Kräuter kennen. Zu erfahren, was gut miteinander harmoniert, und vielleicht auch Kombinationen ungewöhnlicher Zutaten zu entdecken, ist einfach aufregend und genial. Dieses Wissen möchte ich mit diesem Buch gerne teilen.

Neben der Verwendung erstklassigen Fleisches ist es natürlich auch wichtig, mit perfektem Zubehör zu arbeiten. Ordentliches Grill- und Brat-Equipment, „Werkzeug", um das Fleisch nicht während der Zubereitung zu beschädigen, Thermometer, um den perfekten Gargrad zu erreichen und selbstverständlich auch etwas zum Parieren und Tranchieren. Auch darum geht es in diesem Buch.

Ein Steak ist schon lange nicht mehr einfach nur ein Steak. Ein Steak hat so viele Facetten, die es mehr als wert sind, entdeckt und wertgeschätzt zu werden. Von der Marmorierung über das Fett, die Textur oder auch einfach den Geruch gereiften Fleisches. Und vielleicht entdeckt ja der eine oder andere einen weniger oder bisher gar unbekannten Cut und probiert einfach mal ein Hanging Tender anstelle eines Ribeyes. Gaumenzauber garantiert.

Dieses Buch dient dazu, neugierig zu machen auf Neues oder weniger Bekanntes. Es geht darum, aus dem besten Fleisch, den vielfältigsten Cuts mit unterschiedlichen Zubereitungsmöglichkeiten das perfekte Ergebnis zu erzielen.

Ich nehme euch mit in meine Welt des Fleischgenusses. In ein Projekt, in das ich mich völlig verliebt und zu dem ich so viel Unterstützung und Vertrauen erhalten habe, wie ich es mir niemals hätte erträumen können. Vielen Dank dafür an alle!

Und jetzt heißt es rausgehen zu einem Metzger des Vertrauens, allen Mut zusammennehmen und alles an Kleingeld in die Hosentasche packen. Eingekauft wird nicht einfach nur „ein Steak". Gekauft wird das beste Steak, das es zu kaufen gibt. Und für die Zubereitung gebe ich den Rat, es genauso zu machen, wie ich es grundsätzlich tue: mit viel Respekt und Leidenschaft. Viel Spaß mit den Rezepten!

Onkel Kethe
www.onkel-kethe.de

„Qualität statt Quantität – Fleisch darf auch mal einen Euro mehr kosten und ein Jahr älter werden!"

Onkel Kethe

Just Steaks

ZUBEREITUNGSMÖGLICHKEITEN

10

Just Steaks

Zubereitungsmöglichkeiten

Direktes Grillen

Für Steaks, die nicht allzu dick – bis ca. 4 cm – sind, empfiehlt es sich, auf die direkte Methode zu setzen. Das Grillgut wird direkt über der Hitzequelle gegrillt.

Indirektes Grillen

Diese Methode nutzt man, um das Fleisch auf einen gewünschten Gargrad, bzw. die ideale Kerntemperatur zu erhitzen. Dabei wird das Grillgut nicht direkt über der Hitzequelle platziert. Deshalb ist dazu ist ein geeigneter Grill nötig, z. B. ein Kugelgrill mit Deckel oder ein Gasgrill mit mehreren Brennern.

Sous Vide

Bei dieser Zubereitungsart wird das Fleisch besonders schonend gegart. Hierzu wird das Fleisch (unter Zugabe von Ölen und Geschmacksgebern) vakuumiert und in der Regel bei etwa 50–60 °C in einem Wasserbad (im Sous Vide) schonend über mehrere Stunden vorgegart. Das Finish bekommt das Fleisch dann im direkten Bereich des Grills.

Plancha / Gusspfanne

Durch die extrem heiße Oberfläche der Plancha / Gusspfanne beginnt das Fleisch, ähnlich wie beim Beefer, zu „karamellisieren". Wenn man das Gargut zuvor mit etwas Salz und einer Prise Zucker einpudert, wird dieser Effekt noch verstärkt und das Fleisch bekommt seine typische Kruste.

Smoken

Durch die Zugabe von Holz während des Garprozesses wird das Gargut dem Rauch ausgesetzt, es wird gesmoked. Dieser Vorgang läuft in der Regel im Temperaturbereich zwischen 90 und 115 °C ab. Mit dieser Methode entsteht nicht nur der fürs BBQ typische „Smoke-Ring", ein tiefroter Ring, der sich um das Fleisch legt, das Gargut bekommt auch das einzigartige Aroma verschiedener Hölzer.

Beefen

Besonders für dünne Cuts und / oder Genießer geeignet, die das Fleisch gerne „englisch" mögen. Hier wird mithilfe eines über 800 °C heißen Gas-Keramikbrenners die Hitze direkt auf die Oberfläche des Fleisches gestrahlt. Ähnlich wie auf der Plancha oder in der heißen Gusspfanne lässt sich eine wunderbare Kruste herstellen.

Welcher Fleischtyp bist du?

Magst du Fleisch?

- Ja → **Pur oder aromatisiert?**
- Nein →

Pur oder aromatisiert?
- pur → **Eigengeschmack?**
- aromatisiert → **Leicht mit Kräutern oder mariniert?**

Eigengeschmack?
- viel → (1, 12, 13, 14)
- leicht → (2, 3, 4, 5, 6, 7, 13, 15)

Leicht mit Kräutern oder mariniert?
- mariniert → (2, 6, 10, 11, 12)

Tipp: Wenn es mal schnell gehen muss – direkt: 2, 4, 7, 11, 13, 14

1. Picanha 2. Hüfte 3. Porterhouse Steak 4. Rumpsteak 5. T-Bone
6. Shell Steak 7. Ribeye/Entrecôte 8. Tomahawk 9. Spidersteak 10. Tri-Tip 11. Flank Steak
12. Hanging Tender 13. Skirt 14. Flat Iron 15. Filet

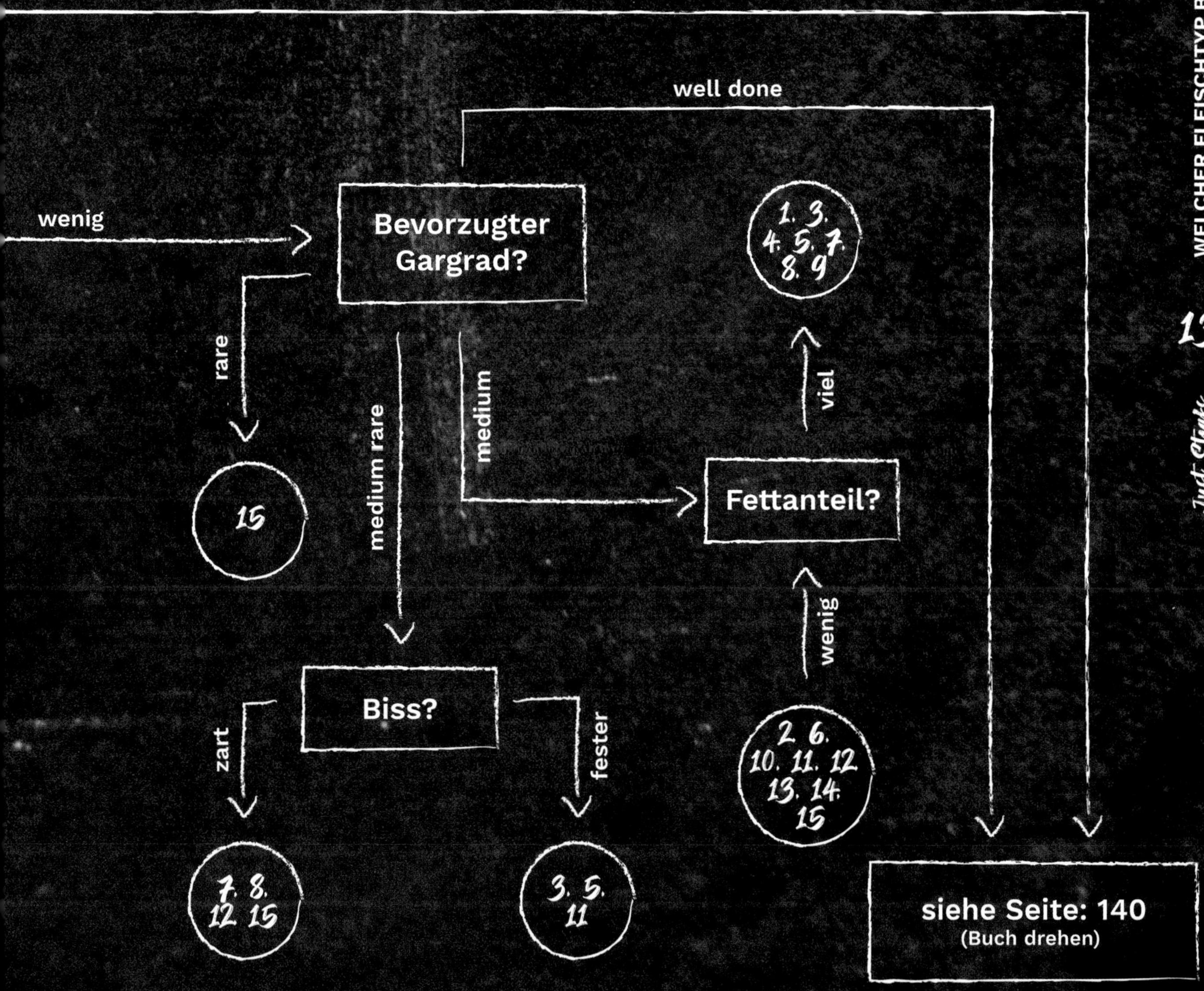

WELCHER FLEISCHTYP BIST DU?

Just Steaks

13

- wenig → **Bevorzugter Gargrad?**
  - well done → 1, 3, 4, 5, 7, 8, 9
  - rare → 15
  - medium rare ↓
  - medium → **Fettanteil?**
    - viel → 1, 3, 4, 5, 7, 8, 9
    - wenig → 2, 6, 10, 11, 12, 13, 14, 15
- **Biss?**
  - zart → 7, 8, 12, 15
  - fester → 3, 5, 11

siehe Seite: 140
(Buch drehen)

Kerntemperaturen & Gargrade

rare

medium rare

medium

Alles nach „medium" gibt es hier nicht.

46-51 °C
rare

52-54 °C
medium rare

55-59 °C
medium

Zubehör

In Zeiten, in denen jedes Tool von den Marketingabteilungen mit einem „Must-have" geadelt wird, finde ich es sinnvoll, eine kleine, feine Auswahl an Produkten zu empfehlen, die mir stets treue Wegbegleiter sind auf dem Weg zum perfekten Steakgenuss. Natürlich ist die Auswahl subjektiv – genauso subjektiv, wie jedes gute Rezept …

Einstech-Thermometer:
Für die schnelle und präzise Anzeige der aktuellen Kerntemperatur binnen Sekunden.

Grillzange:
Bei kleineren und flacheren Stücken zwingend notwendig.

BBQ-Mopp:
Die Glasur sollte ideal auf dem Fleisch verteilt werden.

Fleischwender:
Das Fleisch sollte möglichst vorsichtig gewendet werden.

Mörser:
Um die Gewürze frisch vor der Nutzung zu zermahlen.

Microplane:
Damit die Marinaden und Rubs die besonders fein gehobelten Zutaten bekommen. Keine andere Reibe bekommt die Zutaten so präzise und fein gehobelt.

Just Steaks — FAKTEN & TRICKS

Fakten & Tricks

Arosieren
Beim Arosieren wird das Fleisch mit dem eigenen Saft bzw. mit der Flüssigkeit, in der es gegart wird, übergossen.

Chunk
Ein Chunk oder Woodchunk ist ein Holzklotz, der direkt auf die glühenden Kohlen gelegt wird, um dem Fleisch ein besonderes Raucharoma zu verleihen. Für Gasgrills nimmt man dafür Holzspäne und eine Smokebox, meist aus Edelstahl.

Parieren
Um das Fleisch perfekt genießen zu können, muss es in der Regel „pariert" sein. Parieren bezeichnet das Entfernen von überflüssigem Fett, Haut und Sehnen. Die sogenannten Parüren (Abschnitte) werden zur Herstellung von Fonds, Saucen oder Suppen verwendet.

Finishen
Wenn von „Finishen" die Rede ist, bezieht sich dieser Begriff auf das Fertigstellen des Steaks durch Würzen oder Tranchieren. Wird das Fleisch im Sous Vide vorgegart, versteht man unter Finishen auch das kurze Grillen des bereits gegarten Fleisches, um ein Branding zu erzeugen.

Blackening
Bei dieser Methode wird das Fleisch mit flüssiger Butter bestrichen und mit einem Rub der Wahl eingepudert. Anschließend brät man das Steak dann in einer heißen Gusspfanne, wobei durch das Zusammenspiel von Butter und Gewürz eine dunkle Kruste entsteht.

Caveman
Der sogenannte Caveman-Style beschreibt das „ursprüngliche" Grillen, bei dem das Fleisch direkt auf die durchgeglühte Holzkohle gelegt wird.

1 Bund
Ein Bund Kräuter ist nicht gleich ein Bund Kräuter. Die abgepackten Kräutertüten im Supermarkt sind meist nur ⅓ bzw. ¼ eines ganzen Bundes.

GT / Garraumtemperatur
Sie beschreibt die empfohlene Temperatur für den Garraum entweder im Grill, Backofen oder einem sonstigen geschlossenen Garraum.

KT / Kerntemperatur
Je nach Fleischart und Steak-Cut werden unterschiedliche Temperaturen empfohlen.

Just Steaks

20

REZEPTE RIND

Just Steaks

REZEPTE RIND

Cuts
Übersicht Rind

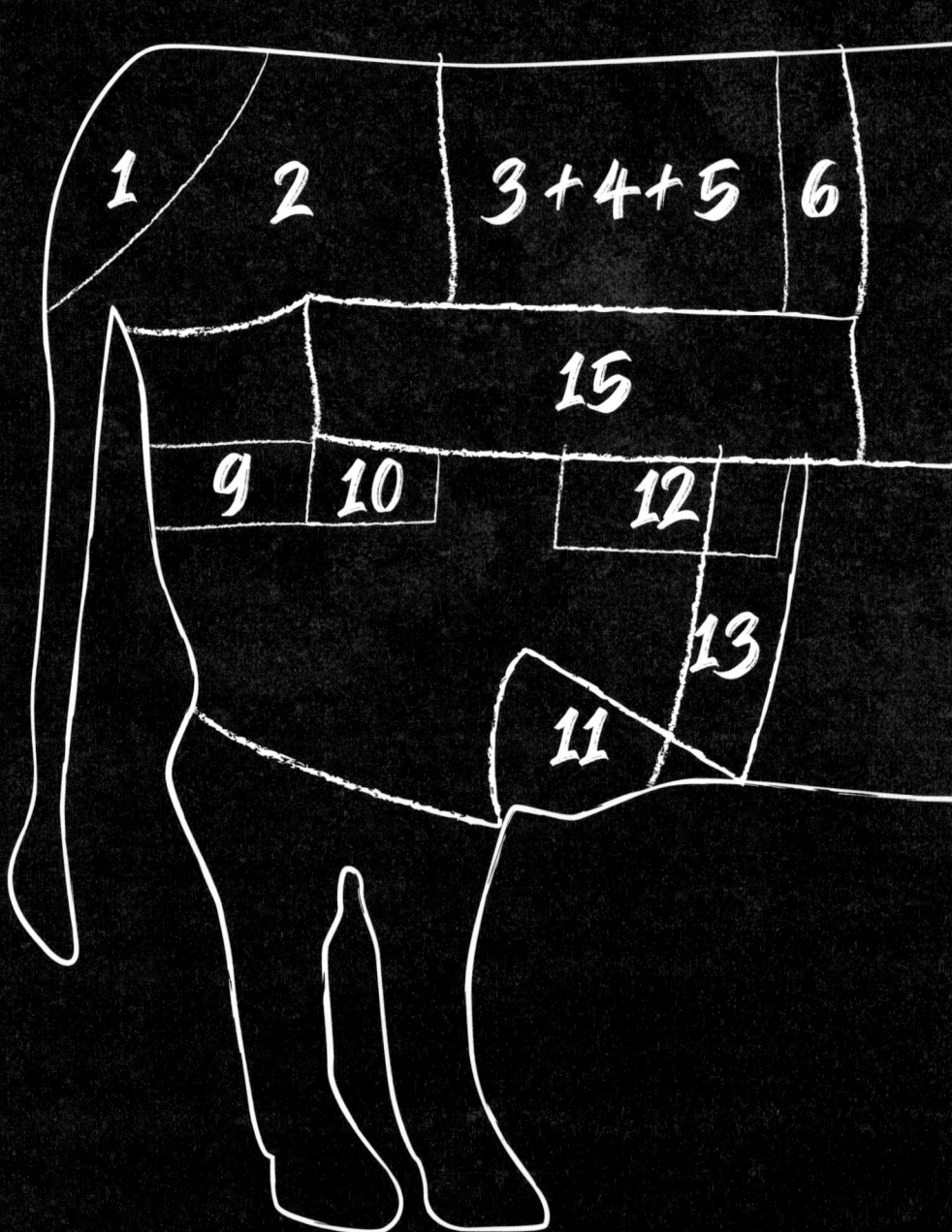

7+8

14

1. Picanha 2. Hüfte 3. Porterhouse Steak 4. Rumpsteak
5. T-Bone 6. Shell Steak 7. Ribeye/Entrecôte 8. Tomahawk
9. Spidersteak 10. Tri-Tip 11. Flank Steak 12. Hanging
Tender 13. Skirt 14. Flat Iron 15. Filet

Hanging Tender

Korean Style

Zutaten

1 Hanging Tender (Nierenzapfen), 90 ml Sojasauce,
30 g Zucker, 25 ml Erdnussöl, 15 ml Sesamöl, 3 Knoblauchzehen, ½ TL Ingwer,
1 EL Koriander, 2 EL heller Sesam, 1 Chili (optional)

Zubereitung

Den Grill sowohl für direktes, als auch für indirektes Grillen vorbereiten. Den Zucker zusammen mit der Sojasauce, dem Erdnussöl, dem Sesamöl, den gehackten Knoblauchzehen und dem geriebenen Ingwer so lange erhitzen und verrühren, bis der Zucker sich komplett aufgelöst hat.

Die Marinade abkühlen lassen, das parierte Hanging Tender für eine halbe Stunde einlegen und kühl lagern. Die Steaks aus der Marinade nehmen, trockentupfen und goldbraun angrillen.

Nun werden die Steaks in den indirekten Bereich gezogen, mit der Marinade bepinselt und bis zur gewünschten KT gargezogen. Zum Anrichten mit dem gehackten Koriander, dem gerösteten Sesam und, falls gewünscht, der klein gehackten Chilischote bestreuen.

Das Parieren des Hanging Tenders erfordert ein bisschen Geduld, denn man muss nicht nur das überschüssige Fett entfernen, sondern auch die innenliegende Sehne. Durch das Parieren bekommt man dann auch aus einem Hanging Tender zwei schmale, lange Steaks.

Tri-Tip

Whiskey flavored

Zutaten

1 Tri-Tip, 1 EL Whiskey, einige Wood Chunks, Salz, Pfeffer

Zubereitung

Den Grill sowohl für direktes, als auch für indirektes Grillen vorbereiten. Das Fleisch etwa 10 Minuten vor dem Grillen salzen und beiseitelegen. Nun wird das Steak zunächst im direkten Bereich angegrillt und im Anschluss in den indirekten Bereich gezogen.

Jetzt ist es an der Zeit, entweder die Wood Chunks auf die glühenden Kohlen bzw. die Smokebox auf die Brennstäbe zu legen.

Das Fleisch mit dem Whiskey bepinseln und bis auf die gewünschte Kerntemperatur ziehen.

REZEPTE RIND

27

Just Steaks

Flat Iron

mit geschmolzenen Kirschtomaten

Zutaten

1 Flat Iron, 150 g Kirschtomaten, 2 Zweige Rosmarin, 1 Knoblauchzehe,
1 EL Rohrzucker, 1 TL weißer Balsamico, Salz, Pfeffer

Zubereitung

Den Grill sowohl für direktes als auch für indirektes Grillen vorbereiten. Auf den direkten Bereich wird eine Gusspfanne platziert, in der die gesamte Zubereitung stattfinden wird.

Das Steak wird 10 Minuten vor Einsatz gesalzen und beiseitegelegt. In der Zwischenzeit werden die Kirschtomaten halbiert, der Knoblauch gepellt und zerdrückt.

Für die geschmolzenen Kirschtomaten werden die Tomaten nun zusammen mit dem Zucker, dem gehackten Knoblauch, dem gezupften Rosmarin und dem Balsamico vermengt. Sobald die Gusspfanne knackig heiß ist, bekommt das Steak beidseitig eine schöne Kruste, bevor die Pfanne in den indirekten Bereich gezogen wird.

Damit um das Steak herum genügend Platz ist, zieht man es in die Mitte der Pfanne und verteilt die marinierten Tomaten drumherum. Das Steak auf die gewünschte Kerntemperatur ziehen und später in Tranchen aufgeschnitten zusammen mit den geschmolzenen Kirschtomaten servieren.

Entrecôte

Mediterranean

Zutaten

1 Entrecôte, 2 EL Butter, 2 Zweige Rosmarin, 1 Zweig Salbei,
4 Zweige Thymian, 2 Knoblauchzehen, Salz

Zubereitung

Den Grill sowohl für direktes als auch für indirektes Grillen vorbereiten. Auf den direkten Bereich wird eine Gusspfanne platziert, in der die gesamte Zubereitung stattfinden wird.

Das Steak leicht salzen und 10 Minuten ruhen lassen. Nun wird es in der Gusspfanne so lange angebraten, bis es von beiden Seiten eine schöne braune Kruste bekommt.

Die Pfanne in den indirekten Bereich ziehen und das Steak abzüglich 2 Grad bis zur gewünschten Kerntemperatur garziehen. Nun ziehen wir das Steak wieder auf den direkten Bereich und geben die Butter zusammen mit den Kräutern und dem zerdrückten Knoblauch hinzu.

Sobald sich die Butter verflüssigt und den Geschmack der Kräuter angenommen hat, wird das Steak damit arosiert. Dazu unbedingt einen Handschuh anziehen und die Pfanne leicht neigen, damit sich die aromatisierte Butter sammelt und mit einem Löffel ständig über das Steak gegossen werden kann.

Diesen Vorgang so lange wiederholen, bis die gewünschte Kerntemperatur des Steaks erreicht ist.

Tipp:

Bei der Butter muss man unbedingt aufpassen, dass die Molke nicht verbrennt. Wenn die Pfanne beim Arosieren doch zu heiß wird, schnell wieder in den indirekten Bereich ziehen.

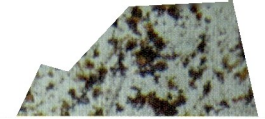

RibeYe

Lemon Style

Zutaten

1 Ribeye, 125 g Butter, 1 Bio-Zitrone, 3 Zweige Thymian, 3 Zweige Estragon, 1 Knoblauchzehe, Salz, Pfeffer

Zubereitung

Den Grill sowohl für direktes als auch für indirektes Grillen vorbereiten. Auf den direkten Bereich wird eine Gusspfanne platziert, in der die gesamte Zubereitung stattfinden wird.

Für die Butter brauchen wir bei Zimmertemperatur weichgewordene Butter, gehackte Thymian- und Estragon-Blätter, Zitronenzesten und gehackten Knoblauch. Alles zusammen verrühren und mit Salz und etwas Zitronensaft abschmecken.

Das Steak bekommt in der Pfanne eine ordentliche Kruste, bevor die Butter hinzugegeben und die Pfanne dann in den indirekten Bereich gezogen wird. Dabei ist es ganz wichtig, die flüssige Butter mit einem Löffel auch über das Steak zu träufeln.

Sobald die gewünschte Kerntemperatur im indirekten Bereich erreicht ist, kann das Fleisch tranchiert und erneut mit der flüssigen Butter beträufelt werden.

RibeYe

„Heavy Crusted" – Reverse

Zutaten

1 Ribeye, 1 EL Butterschmalz, Salz, Pfeffer

Zubereitung

Den Grill sowohl für direktes als auch für indirektes Grillen vorbereiten. Auf den direkten Bereich wird eine Gusspfanne platziert, in der die gesamte Zubereitung stattfinden wird.

Das Steak wird nun allerdings, anders als üblich, in den indirekten Bereich gelegt und auf die gewünschte Kerntemperatur (abzüglich 2 °C) gegart.

Sobald die Kerntemperatur erreicht ist, kommt das Steak in die heiße Gusspfanne und wird ordentlich angegrillt, bis eine dunkelbraune Kruste entsteht. Zum Finish wird nach dem Drehen ein Esslöffel Butterschmalz hinzugegeben.

Das Steak nun in Tranchen aufschneiden und mit Salz und Pfeffer würzen.

Tipp:
Wenn das Steak leicht angedrückt wird, entsteht eine schöne, gleichmäßige Kruste.

Tipp:
Keine Briketts verwenden! Diese Methode sollte ausschließlich mit natürlicher Holzkohle ausgeführt werden.

Tomahawk

Caveman Style

Zutaten

**1 Tomahawk, 3–4 cm dick,
Salz, Pfeffer**

Zubereitung

Zum Vorbereiten des Grills wird zunächst ein großer Anzündkamin mit Holzkohle befüllt und zum Durchglühen gebracht. Sobald die Kohle fertig ist, breitet man sie auf dem Kohlerost so aus, dass die Hälfte der Grillfläche zum indirekten Garen genutzt werden kann.

Das Tomahawk wird nur leicht gesalzen. Die oberste Ascheschicht auf den glühenden Kohlen vorsichtig wegpusten und das Steak 3–5 Minuten von jeder Seite auf den Kohlen angrillen.

Sollte das Steak etwas dicker und noch nicht auf Kerntemperatur gekommen sein, wird der Grillrost eingesetzt und das Steak zur gewünschten Kerntemperatur gargezogen.

Das Fleisch im Anschluss etwas ruhen lassen, danach tranchieren und mit gestoßenem Pfeffer bestreuen.

Tomahawk

Eisenhower Style

Zutaten

1 Tomahawk, 1 EL Pflanzenöl oder Talg,
2 Knoblauchzehen, Salz, Pfeffer

Zubereitung

Zu Beginn muss der Grill richtig vorbereitet werden. Dazu nimmt man einen großen Anzündkamin und befüllt ihn bis oben hin mit Holzkohle. Sobald die Kohle komplett durchgeglüht ist, breitet man diese auf dem Kohlerost so breit aus, dass das Steak mit dem Fleischanteil komplett auf der Kohle liegt.

Das Tomahawk mit einer Mischung aus Öl, Salz und fein gehacktem Knoblauch einreiben. Die oberste Ascheschicht auf den glühenden Kohlen vorsichtig wegpusten und das Steak, je nach Dicke, 5–10 Minuten von jeder Seite direkt in der Kohle grillen.

Bei dieser Methode wird das Steak bis zur gewünschten Kerntemperatur direkt in der Kohle gegart und dadurch entsprechend dunkler. Dabei bildet die Marinade eine „schützende Schicht".

Vor dem Servieren wird das Fleisch von der Kohle befreit, in Tranchen aufgeschnitten und mit frisch gestoßenem Pfeffer berieselt.

Tipp:
Das Fleisch nicht zu häufig wenden und den Stein während der Zubereitung unbedingt über der Hitzequelle liegen lassen.

Spidersteak

vom Salzstein

Zutaten

1 Spidersteak (Kachelfleisch vom Rind), 1 Salzplanke / Salzstein
Öl, Pfeffer

Zubereitung

Den Grill für direktes Grillen vorbereiten. Bevor es ans Fleisch geht, wird der Salzstein im direkten Bereich des Grills platziert und ordentlich aufgeheizt (ca. 250 °C).

Das Steak nur etwas mit Öl bepinseln und dann von beiden Seiten direkt auf dem Salzstein goldbraun angrillen. Je nach Dicke des Steaks lässt man es im indirekten Bereich auf Kerntemperatur garziehen.

Das Fleisch vom Grill nehmen, tranchieren und mit Pfeffer würzen.

Flank Steak

Buttered and Reverse

Zutaten

1 Flanksteak, 1 kg Butter,
Salz, Pfeffer

Zubereitung

Den Grill für den Einsatz zum direkten und indirekten Garen vorbereiten. Die Butter in einem flachen, hitzebeständigen Behälter – gerne in einer gusseisernen Pfanne – verflüssigen. Wichtig ist, dass die flüssige Butter eine Temperatur von 70–80 °C nicht überschreitet.

Das Flank in der Butter im indirekten Bereich auf 50 °C Kerntemperatur garziehen. Anschließend wird das Steak aus der Butter genommen und im direkten Bereich goldbraun angegrillt.

Tranchieren, mit frisch gemahlenem Salz und Pfeffer bestreuen und genießen!

Just Steaks

REZEPTE RIND

43

Tipp:
Es muss nicht unbedingt Zedernholz sein. Hier kann auch auf andere Hölzer zurückgegriffen werden.

Flank Steak

Naked Sandwich von der Planke

Zutaten

1 Flanksteak, 4 Scheiben Gruyère, 1 Fleischtomate, 1 Zedernholzplanke,
2 EL Chimichurri (siehe Rezept Seite 114), Salz, Pfeffer

Zubereitung

Den Grill für den Einsatz von direktem und indirektem Grillen vorbereiten. Die Tomate in 1 cm dicke Scheiben schneiden und angrillen. Das Flanksteak salzen und von beiden Seiten ebenfalls direkt angrillen.

Nun wird das Flank Steak tranchiert, aufgefächert, auf die Holzplanke gelegt und mit frisch gemahlenem Pfeffer bestreut. Den Gruyère auf das Fleisch legen und alles indirekt medium rare ziehen lassen.

Garniert wird das Steak mit den gegrillten Tomatenscheiben und zwei Esslöffeln Chimichurri.

Picanha

Classico

Zutaten

1 Picanha (Tafelspitz mit Fettauflage), 3 EL Meersalz,
1 TL Zucker, 1 EL fermentierter Pfeffer

Zubereitung

Das Picanha in 4–5 cm dicke „Scheiben" schneiden. Salz und Zucker miteinander vermengen und das Fleisch damit einreiben. Die Fleischstücke nun durch Zusammendrücken der beiden Enden zu einer Art „Halbmond" zusammendrücken und mit einem Spieß durch die beiden Enden stechen. Den Spieß nun 15 Minuten liegen lassen, damit die Salz-Zucker-Mischung etwas einziehen kann.

Den Grill soweit vorbereiten, dass wir in der Mitte einen indirekten Grillbereich haben. Den Spieß auf den Rand des Grills legen und ständig drehen, sodass jede Seite Hitze abbekommt. Sobald die Fleischstücke goldbraun sind, kann der Spieß vom Grill genommen und tranchiert werden.

Den fermentierten Pfeffer grob zerstoßen und über die Tranchen rieseln lassen.

REZEPTE RIND

48

Just Steaks

Tipp:

Falls die getrockneten Tomaten zu dick sind, können sie mit einer Flasche oder einem Teigroller noch etwas flacher ausgerollt werden.

Cap of Ribeye

Pinwheels

Zutaten

1 Cap of Ribeye, 300–500 g, 1 Knoblauchzehe, 1 Kugel Büffelmozzarella,
1 Handvoll Blattspinat, 8 getrocknete Tomaten in Öl

Zubereitung

Für die Zubereitung der Pinwheels benötigt man lediglich einen direkten Grillbereich mit einer Gussplatte. Je nach Dicke des Caps muss es vielleicht noch etwas plattgeklopft werden. Es sollte ca. 1 cm dick sein. Den Mozzarella in dünne Scheiben schneiden und den Knoblauch fein hacken.

Das flache Cap wird nun mit den Zutaten belegt. Zuerst Mozzarella, gefolgt von den getrockneten Tomaten, dem gehackten Knoblauch und zum Schluss den Spinatblättern.

Vorsichtig zusammenrollen, mit Grillspießen fixieren und entlang der Spieße in einzelne „Pinwheels" zerteilen. Diese werden nun auf der vorgeheizten Gussplatte mit etwas Öl von beiden Seiten angegrillt.

T-Bone

Wolfgang Style

Zutaten

1 T-Bone Steak, 250 g Butter, Salz, Pfeffer

Zubereitung

Den Grill so vorbereiten, dass sowohl direkt als auch indirekt darauf gegrillt werden kann. Das Steak wird bei sehr hoher Hitze von beiden Seiten sehr scharf angegrillt. Parallel dazu eine feuerfeste Schale oder Gussform bereitstellen, um darin die Butter zu verflüssigen.

Nun wird das Fleisch vom Knochen geschnitten, tranchiert und zusammen mit dem Knochen gefächert in die Butterschale gelegt. Zu guter Letzt wird das Gefäß mit dem Fleisch und der Butter im indirekten Bereich auf den gewünschten Gargrad gebracht.

Mit Salz und Pfeffer bestreuen und aus der Pan genießen.

Tipp:
„Wolfgang Style" beschreibt den Stil des gleichnamigen Restaurants, in dem das Steak zunächst scharf angegrillt und dann in Butterschmalz gargezogen wird.

Porterhouse Steak
aus dem Wildkräuterbad

Zutaten

1 Porterhouse Steak, 300 ml Olivenöl, 1 Bund Wildkräuter, Salz, Pfeffer

Zubereitung

Den Grill so vorbereiten, dass sowohl direkt als auch indirekt darauf gegrillt werden kann. Das Steak wird bei sehr hoher Hitze von beiden Seiten sehr scharf angegrillt.

In einer feuerfesten Form wird parallel das Öl zusammen mit den Wildkräutern aufgewärmt. Dabei sollte das Olivenöl natürlich nicht zu heiß werden.

Das Steak nun in das Ölbad legen und indirekt auf die gewünschte Kerntemperatur ziehen lassen. Sobald das Fleisch 42 °C im Kern erreicht hat, einmal wenden.

Sobald das Porterhouse die Kerntemperatur erreicht hat, wird es vom Knochen geschnitten, tranchiert und mit Salz und Pfeffer gewürzt.

Shell Steak

unter Kakaoschale

Zutaten

1 Shell Steak (Strip Loin Bone-in), 200 g Kakaoschalen, Salz, Olivenöl

Zubereitung

Den Grill für sowohl für das indirekte als auch das direkte Grillen vorbereiten. Das Steak mit etwas Olivenöl benetzen und ein wenig salzen.

Nun wird das Steak in eine feuerfeste Schale gelegt und mit den Kakaoschalen bedeckt bei einer Temperatur von 120–140 °C im indirekten Bereich gegart. Sobald das Steak die gewünschte Kerntemperatur (abzüglich 3 °C) erreicht hat, kann es aus den Kakaoschalen befreit und direkt angegrillt werden.

Tipp:
Einen Teil der Kakaoschalen eine halbe Stunde vorher im Wasser einweichen, um diese später zum Smoken zu verwenden.

Hüftsteak

aus der Salzkruste

Zutaten

280 g Hüftsteak, 100 g grobes Meersalz, 1 EL Olivenöl,
4 Eiweiß, 3 Zweige Liebstöckel

Zubereitung

Den Grill für das indirekte Grillen vorbereiten. Für die Kruste das Eiweiß aufschlagen und mit dem Meersalz vermengen. Das Fleisch mit dem Olivenöl und dem gehackten Liebstöckel einreiben, in einem feuerfesten Behälter, zum Beispiel in einer Gusspfanne, platzieren und mit der Salzkruste komplett verschließen.

Idealerweise legt man den Boden für das Fleisch mit einem Teil der Salzkruste aus, damit diese das Fleisch komplett umschließt. Ein Thermometer in das Hüftsteak einstecken und bei einer Temperatur von ca. 200 °C auf Kerntemperatur ziehen.

Sobald die Kerntemperatur erreicht ist, die Salzkruste oben aufbrechen und das Fleisch kurz ruhen lassen, bevor es tranchiert wird.

Hüftsteak

Orange glazed

Zutaten

**300 g Hüftsteak, 600 ml Orangensaft, 200 ml Apfelsaft,
2 EL Honig, 4 Zweige Basilikum, Salz**

Zubereitung

Den Grill sowohl für indirektes als auch für direktes Grillen vorbereiten. Für die Glasur wird der Orangensaft zusammen dem Apfelsaft auf die Konsistenz eines Sirups einreduziert.

In den ersten 15 Minuten wird das Basilikum mitgekocht und dann wieder herausgenommen. Sobald die Glasur die gewünschte Konsistenz erreicht hat, stellt man sie mit einem Pinsel neben den Grill.

Das Hüftsteak salzen und von beiden Seiten scharf angrillen. Nun wird es in den indirekten Bereich gezogen und alle 5–10 Minuten mit der Glasur bepinselt – so lange, bis die gewünschte Kerntemperatur erreicht ist.

Tipp:
Je größer der Durchmesser des Topfes, desto mehr Hitzefläche steht zur schnellen Reduzierung der Säfte zur Verfügung.

Tipp:
Das Tuch sollte ruhig etwas größer sein, damit man es mehrfach um das Fleisch schlagen kann.

Rinderfilet

aus dem Whiskeytuch

Zutaten

½ **Rinderfilet, etwa 500–600 g, 100 ml Whiskey, Salz, Pfeffer, Olivenöl, Leinentuch & Fleischgarn**

Zubereitung

Für die Zubereitung benötigen wir sowohl eine indirekte als auch eine direkte Grillfläche auf einem Holzkohlegrill. Das Tuch wird in dem Whiskey getränkt und sorgt später für das Aroma.

Das Rinderfilet parieren, mit Olivenöl einpinseln und leicht salzen. Nun kann das Tuch mehrfach um das Filet geschlagen und mit dem Fleischgarn festgezurrt werden.

Um den perfekten Geschmack zu bekommen, wird der Fleischwickel nun in die glühende Kohle gelegt und mit dieser bedeckt. Jetzt ist es ganz wichtig, den Wickel im Auge zu behalten. Sobald die ersten Schichten des Tuches heruntergebrannt sind, wird der Wickel aus der Kohle genommen und indirekt bei einer Temperatur von 140–160 °C bis zur gewünschten Kerntemperatur gargezogen. Den Wickel aufschneiden, das Fleisch herausnehmen, tranchieren und pfeffern.

Rinderfilet

Saltimbocca Style

Zutaten

½ **Rinderfilet, 500–600 g, 10 Salbeiblätter, 5 Scheiben Speck, 1 EL Butter, Salz, Zahnstocher**

Zubereitung

Für die Zubereitung benötigt man sowohl einen indirekten als auch einen direkten Grillbereich. In die indirekte Zone eine Gusspfanne platzieren, in der die Steaks später garziehen.

Das Rinderfilet parieren und in 5 Medaillons schneiden. Nun wird das Medaillon zuerst gesalzen, dann mit einem Salbeiblatt belegt und mit einer Scheibe Bacon umwickelt. Beides legt man nicht auf die Schnittkante, sondern „außenherum". Damit der Speck nicht abfällt, empfehle ich, ihn mit einem Zahnstocher zu fixieren.

Die gewickelten Filets nun von allen Seiten schön braun angrillen. Die Butter und die übriggebliebenen Salbeiblätter kommen nun in die vorgewärmte Gusspfanne. Sobald die Butter flüssig geworden ist, können die Medaillons bis zur gewünschten Kerntemperatur gargezogen werden.

Tipp:
Damit die Kruste auch wirklich etwas „knackig" wird, sollte die Temperatur im Grill mindestens bei 160–180 °C liegen.

Rumpsteak

mit Parmesankruste

Zutaten

500 g Rumpsteak, 50 g Parmesan, gerieben, 1 Zitrone, 25 g Paniermehl, 15 g Cashewkerne, 1 Zweig Rosmarin, 1 Zweig Thymian, 1 Knoblauchzehe, 1 Eigelb, Salz, Pfeffer

Zubereitung

Den Grill sowohl für den direkten, als auch für den indirekten Bereich vorbereiten. Für die Zubereitung der Kruste die Kräuter, den Knoblauch und die Cashews fein hacken und mit dem Saft einer halben Zitrone, einigen Zitronen-Zesten, dem Eigelb, dem Paniermehl, Salz und Pfeffer zu einer Masse verknetet.

Das Steak dezent salzen und von allen Seiten goldbraun angrillen. Nun das Rumpsteak in den indirekten Bereich ziehen und die Kruste so formen, dass diese auf das Steak passt.

Das Steak auf die gewünschte Kerntemperatur ziehen und in Tranchen schneiden.

Rumpsteak

„Blackened"

Zutaten

**400 g Rumpsteak, 1 EL Butter,
BBQ-Rub (z. B. Bang Boom Bang)**

Zubereitung

Den Grill sowohl für den direkten, als auch für den indirekten Bereich vorbereiten. Auf der direkten Seite wird die Gusspfanne aufgeheizt, in der das Steak gleich seine Kruste bekommt.

Die Butter verflüssigen und das Steak mit einem Pinsel einstreichen. Den BBQ-Rub großzügig auf dem gebutterten Steak verteilen und in die heiße Pfanne geben.

Von beiden Seiten schön dunkel anknuspern und anschließend im indirekten Bereich bis zur gewünschten Kerntemperatur garziehen.

Tipp:
Je mehr Zucker im Rub enthalten ist, desto knackiger die Kruste. Aber aufgepasst: Der Rub wird auch umso schneller dunkel!

Tipp: Die krosse Sucuk mit der Hand zerbröseln, damit sie zum Schluss zusammen mit der Petersilie besser am Fleisch haftet.

Skirt Steak

mit Sucuk-Crumble

Zutaten

1 Skirt Steak, 1 Sucuk-Wurst, 1 EL Butter, ½ Bund Petersilie, Salz, Pfeffer

Zubereitung

Den Grill soweit vorbereiten, dass sowohl indirektes als auch direktes Grillen möglich ist. Für den Sucuk-Crumble die Petersilie grob hacken. Die Sucuk in feine Würfel schneiden und in einer Gusspfanne knusprig anbraten. Zum Schluss die Butter hinzugeben, unterrühren und etwas abkühlen lassen. Nun kann die gehackte Petersilie mit etwas Pfeffer hinzugegeben werden.

Das Skirt nun zunächst von einer Seite direkt angrillen. Sobald es gewendet wurde, kann der Sucuk-Crumble auf der angegrillten Seite verteilt werden. Da das Steak etwas flacher ist, sollte man sofort prüfen, ob die gewünschte Kerntemperatur bereits beim direkten Grillen erreicht wurde. Sollte dies nicht der Fall sein, zieht man das Steak so lange in den indirekten Bereich, bis die gewünschte Kerntemperatur erreicht ist.

Skirt Steak

flambiert

Zutaten

1 Skirt Steak, 30 ml Gin,
Salz, Pfeffer

Zubereitung

Den Grill soweit vorbereiten, dass sowohl indirektes als auch direktes Grillen möglich ist. Das Steak leicht salzen und von beiden Seiten in einer Gusspfanne scharf anbraten. Die Pfanne in den indirekten Bereich ziehen und bis zur gewünschten Kerntemperatur garziehen. Sobald die Kerntemperatur erreicht ist, den Gin über das Fleisch geben und mit einem Streichholz anzünden.

Tipp:

Ganz wichtig: Der Alkohol muss erwärmt werden, damit er sich entzünden lässt. Aufgrund seines außergewöhnlichen Aromas, das meiner Meinung nach perfekt zu diesem Fleisch passt, empfehle ich Burgen Gin.

Just Steak

Zutaten

1 Rumpsteak oder Ribeye, bestes Olivenöl, z. B. Nr. 1 von Christakis, Salzflocken, fermentierter Kampot

Zubereitung

Den Grill zum direkten und indirekten Grillen vorbereiten und auf etwa 250–280 °C anheizen. Das Steak in den direkten Bereich legen, ca. 1–1½ Minuten angrillen, dann um etwa 90 Grad drehen, damit das typische Grillmuster sichtbar wird. Wenden und auf der anderen Seite genauso verfahren.

Das Steak mit einem Kerntemperaturfühler versehen und im indirekten Bereich auf den gewünschten Gargrad ziehen. Sobald dieser erreicht ist, vom Grill nehmen, etwas ruhen lassen, aufschneiden, mit Salzflocken bestreuen, Olivenöl darauf träufeln und etwas fermentierten Kampot darauf geben.

Just Steaks

REZEPTE SCHWEIN

REZEPTE SCHWEIN

75

Just Steaks

Cuts
Übersicht Schwein

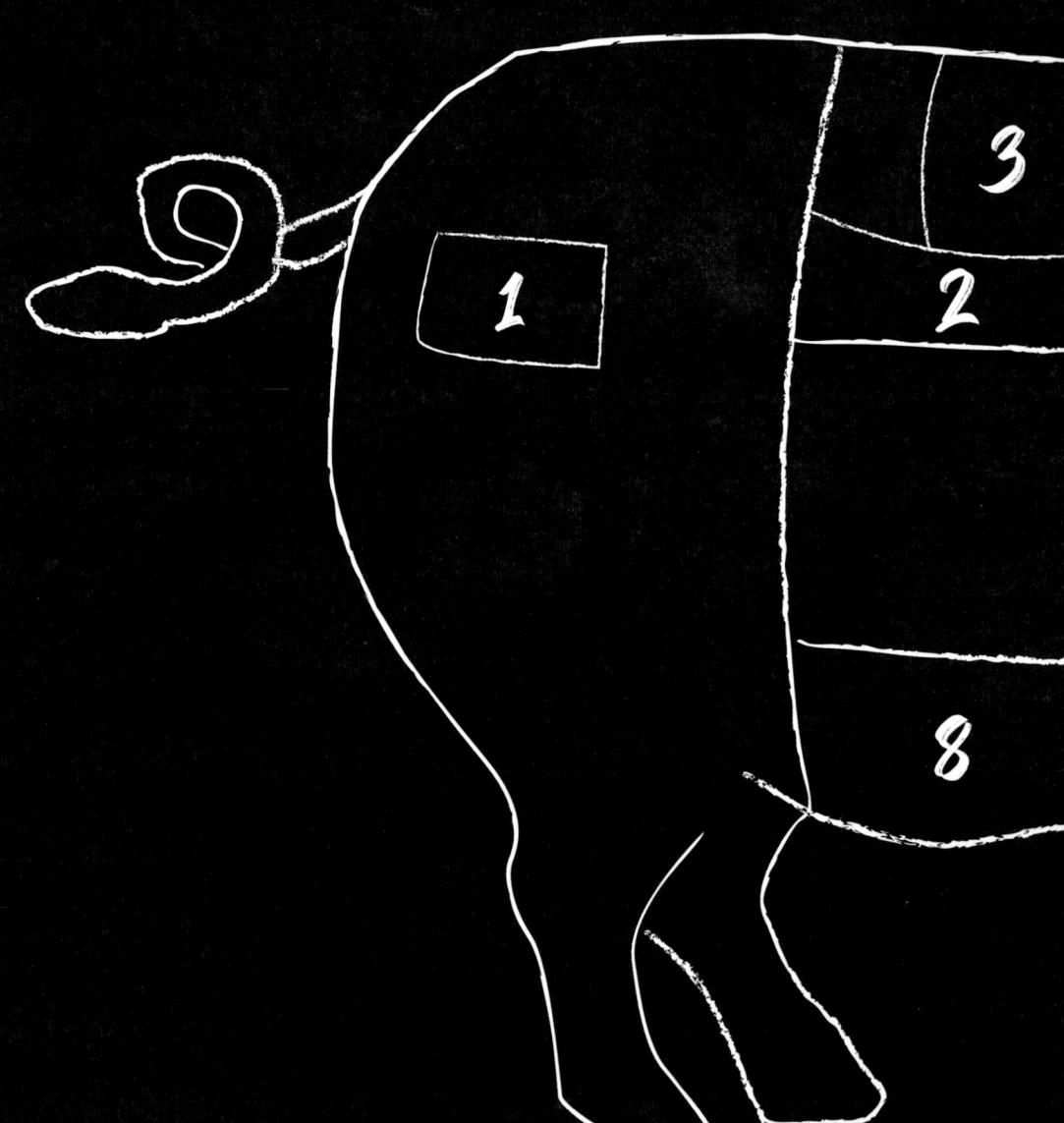

Kachelfleisch

Gin infused

Zutaten

300 g Kachelfleisch, ½ Limette, 1 TL Zucker,
150 ml Gin (z. B. ein fruchtiger Burgen Distillers Cut), Salz, Pfeffer

Zubereitung

Für die Marinade wird der Gin gemeinsam mit dem Saft einer halben Limette und frisch zerstoßenen Pfefferkörnern verrührt. Das Fleisch wird mit der Marinade für gute zwei Stunden entweder vakuumiert oder in Folie eingeschlagen, sodass die Marinade das Fleisch komplett umschließt.

Den Grill für das direkte Grillen vorbereiten, das Fleisch aus der Marinade nehmen, trocken tupfen und leicht salzen. Da das Fleisch sehr dünn ist, muss es nur von der Flamme geküsst werden, dann hat es ordentlich Farbe.

Kachelfleisch

Naked Burger

Zutaten

300 g Kachelfleisch, 2 Schalotten, 50 ml Rotwein, 1 EL Rohrzucker,
2 Zweige Thymian, 2 Scheiben Raclettekäse, Öl, Salz, Pfeffer, Butter

Zubereitung

Zunächst wird das Topping zubereitet. Dazu die Schalotten in Ringe schneiden und bei mittlerer Hitze in etwas Öl glasig anschwitzen. Den braunen Zucker hinzugeben, rühren und wenn er karamellisiert, mit Rotwein ablöschen. Den Thymian hinzugeben und bis zur gewünschten Konsistenz „schlotzig" einkochen lassen. Zum Schluss einen Teelöffel kalte Butter einrühren und beiseitestellen.

Den Grill sowohl für das indirekte, als auch für das direkte Grillen vorbereiten.

Das Kachelfleisch leicht salzen und von beiden Seiten scharf angrillen.

Ein „Naked Burger" wird daraus, indem man die warmen Rotwein-Schalotten auf das Fleisch gibt. Dann erwärmt man den Raclettekäse in einer kleinen Pfanne oder einem kleinen Topf, bis er sich verflüssigt, und gießt ihn über die Rotweinschalotten.

Tipp:
Man kann den Raclettekäse auch als Scheibe über das Fleisch und die Zwiebeln legen und ihn bei geschlossenem Deckel schmelzen lassen.

Tipp:
Wem das Fleisch von außen zu blass ist, der kann mit der Kerntemperatur um 2–4 °C runtergehen und es entweder im direkten Grillbereich oder einer Gusspfanne noch mit einer Kruste versehen.

Schweinefilet

aus dem Zedernwickel

Zutaten

½ Schweinefilet, 2 Zedernholzblätter (Woodpaper),
1 Zweig Rosmarin, Salz, Pfeffer

Zubereitung

Den Grill für das indirekte Grillen vorbereiten. Den Rosmarin zupfen, hacken und zusammen mit etwas Salz auf das parierte Schweinefilet streuen.

Die Zedernholzblätter 10–15 Minuten im Wasser einweichen, damit sie ohne zu zerbrechen um das Filet gewickelt werden können. Das gewürzte Fleisch nun auf ein eingeweichtes Zedernholzblatt legen und verschließen. Ein zweites darüber legen und ebenfalls umwickeln. Den Wickel nun mit Fleischgarn an beiden Enden fest zubinden.

Bei einer Garraumtemperatur von 120 °C wird das Fleisch nun bis zur gewünschten Kerntemperatur gargezogen. Ich empfehle eine Kerntemperatur von 56–58 °C. Im Anschluss das Fleisch aus dem Zedernwickel nehmen, tranchieren und mit etwas Pfeffer würzen.

Schweinefilet

Italian Style

Zutaten

½ Schweinefilet, 100 g Parmesan, 15 g Pinienkerne, 2 Zweige Oregano, 1 Kirschholzplanke, Salz, Pfeffer

Zubereitung

Den Grill sowohl für das direkte, als auch für das indirekte Grillen vorbereiten. Das Schweinefilet salzen, von allen Seiten scharf angrillen und vom Grill nehmen.

Für das Topping die Pinienkerne anrösten und hacken. Die Oregano-Blätter von den Stielen zupfen und grob hacken. Das Ganze nun mit frisch geriebenem Parmesan vermengen.

Nun wird das Filet „rare" tranchiert, auf der Planke gefächert aufgereiht und mit dem Topping überstreut. Die Planke wandert nun zurück auf den indirekten Bereich des Grills und verweilt dort bis zur gewünschten Kerntemperatur.

Tipp:
Die empfohlene Garraumtemperatur liegt bei 160 °C, damit der Schmelz des Toppings soweit ist, wenn das Fleisch den perfekten Gargrad hat.

Tipp:

Für einen intensiveren Olivenholzgeschmack können die Olivenkerne zusätzlich noch in einer Räucherbox zum Smoken genutzt werden.

Presa
mit Oliven

Zutaten

1 Presa (Steak aus dem Nacken), 300 g Olivenkerne,
1 TL Butterschmalz, Salz, Pfeffer

Zubereitung

Den Grill sowohl für das indirekte, als auch für das direkte Grillen vorbereiten. Das Presa in eine feuerfeste Schale legen, salzen und mit den Olivenkernen bedecken.

Bei einer Garraumtemperatur von ca. 165 °C das Fleisch zur gewünschten Kerntemperatur garziehen (abzüglich 2–3 Grad). Nun wird das Fleisch von den Kernen befreit.

Je nachdem, wie fein die Olivenkerne sind, klopft man sie ab oder spült sie unter fließendem Wasser herunter. In der heißen Gusspfanne bekommt das Steak nun unter Zugabe des Butterschmalzes eine schöne Kruste.

Zum Finishen wird das Steak tranchiert und mit Pfeffer gewürzt.

Pluma

Asian

Zutaten

1 Pluma (Rückenstück), 1 TL Sesamöl, 1 EL Rohrzucker, 1 EL Reisessig, 50 ml Orangensaft, 50 ml Apfelsaft, 5 g Ingwer, 10 ml Sojasauce, ½ rote Chili, ½ Knoblauchzehe, ½ Frühlingszwiebel, 1 EL heller Sesam, geröstet, Salz

Zubereitung

Den Grill für das direkte Grillen vorbereiten. Das Pluma parieren, salzen und von beiden Seiten direkt angrillen, bevor es auf die Seite gelegt wird.

In einer Gusspfanne wird nun die Glasur zubereitet. Dazu den Zucker zum Karamellisieren bringen. Die Chili entkernen, den Knoblauch schälen, hacken und zusammen mit dem Sesamöl in das Karamell geben.

Das Ganze nun mit dem Reisessig, der Sojasauce, dem Orangen- und Apfelsaft ablöschen. Die Glasur nun so weit einkochen lassen, bis sie etwas dickflüssiger geworden ist. Das dauert etwa 15 Minuten.

Nun wird der Ingwer gerieben und hinzugegeben. Die Glasur mit Salz und Pfeffer abschmecken. Das angegrillte Pluma in die Pfanne zur heißen Glasur geben und einen Esslöffel zur Hilfe nehmen, um das Fleisch mit der Glasur zu übergießen.

Anschließend wird das Steak aus der Glasur geholt, mit fein geschnittenen Frühlingszwiebeln und geröstetem Sesam garniert und danach tranchiert.

Tipp: Wem die Glasur zu süß ist, kann mehr Reisessig nehmen, und wem die Glasur zu sauer ist, nimmt mehr Rohrzucker zum Karamellisieren.

REZEPTE SCHWEIN

90

Just Steaks

Secreto

purista

Zutaten

1 Secreto, Butterschmalz, Salz, Pfeffer

Zubereitung

Den Grill für das direkte Grillen vorbereiten. Das Secreto parieren, mit flüssigem Butterschmalz einpinseln und salzen.

Nun das Fleisch von beiden Seiten scharf angrillen und nach einer kurzen Ruhephase auf dem Holzbrett tranchieren. Zum Finishen kommt etwas frisch gemahlener Pfeffer über die Tranchen.

Secreto

vietnamesisch

Zutaten

1 Secreto, ½ Limette, Saft und Zesten, 1 Zweig Koriander, 50 g Rohrzucker, 2 Knoblauchzehen, 5 g Ingwer, 60 ml Sojasauce, 40 ml Fischsauce, 1 rote Chili

Zubereitung

Für die Marinade die Chili entkernen und fein würfeln, den Koriander nicht zu fein hacken, den Knoblauch schälen und reiben und alles gemeinsam mit den restlichen Zutaten zu einer Marinade verrühren.

Das Secreto parieren und mindestens 3 Stunden in die Marinade legen.

Den Grill in der Zwischenzeit sowohl für das indirekte, als auch für das direkte Grillen vorbereiten. Das Secreto nun bei einer Garraumtemperatur von 160 °C bis zur gewünschten Kerntemperatur in den indirekten Bereich legen.

Tipp:
Eine Kruste ist nicht nötig, aber möglich. Wer möchte, kann das Fleisch auch bis 3 °C unter der Kerntemperatur garen und danach nochmal kurz im direkten Bereich angrillen. Dabei unbedingt aufpassen, dass die Marinade nicht verbrennt!

Finish auf dem Rost

Indirekt Finished

Nackensteak

Bigbutter Style

Zutaten

1 Nackensteak vom Schwein, 15 g kalte Butterflocken,
1 EL Butterschmalz, 1 TL Bigbutter Gewürzmischung, 1 Zweig Rosmarin,
1 Knoblauchzehe, 3 Salbeiblätter, Salz, Pfeffer

Zubereitung

Den Grill sowohl für das direkte, als auch für das indirekte Grillen vorbereiten. Bevor das Fleisch angegrillt wird, kommt das Butterschmalz zusammen mit einer zerdrückten Knoblauchzehe, dem Rosmarinzweig und den Salbeiblättern in eine Gusspfanne.

Das Nackensteak nun salzen, scharf angrillen und in die Pfanne legen. Die Butter auf das angegrillte Steak legen und mit der Gewürzmischung überstreuen.

Bis zur gewünschten Kerntemperatur indirekt bei 140 °C Garraumtemperatur garziehen.

Schweinenacken

Honey glazed

Zutaten

1 Nackensteak vom Schwein, 1 EL Honig, 1 TL Zuckerrübensirup,
1 EL Butter, 1 Spritzer Limettensaft, Salz

Zubereitung

Den Grill sowohl für das direkte, als auch das indirekte Grillen vorbereiten. Für die Glasur wird der Honig zusammen mit dem Zuckerrübensirup, der Butter und dem Limettensaft vermengt und aufgewärmt.

Das Steak wird nur leicht gesalzen und dann ganz scharf angegrillt und im indirekten Bereich ständig mit der Glasur eingepinselt. Das Einpinseln am besten alle 2–3 Minuten wiederholen und das Fleisch bis zur gewünschten Kerntemperatur ziehen.

Tipp:

Je dicker das Steak, desto länger dauert es, bis es auf die gewünschte Kerntemperatur kommt. Bei einem dickeren Steak ist es also aufgrund der Zeit möglich, mehr Glasur aufzutragen und deshalb auch mehr Geschmack zu generieren.

Schweinelachs

mit Ajvar

Zutaten

1 Schweinelachs, 1 EL Ajvar, 6 Blätter Basilikum,
1 TL Butter, Salz, Pfeffer

Zubereitung

Den Grill sowohl für das direkte, als auch für das indirekte Grillen vorbereiten. Den Schweinelachs salzen und von beiden Seiten scharf angrillen. Nun das Fleisch tranchieren und mit der flüssigen Butter überstreichen. Das Basilikum grob schneiden und über die Steak-Tranchen geben.

Sobald das Steak die gewünschte Kerntemperatur erreicht hat, kommt das Ajvar über die Tranchen.

Schweinelachs

BBQ glazed

Zutaten

240 g Schweinelachs, 100 ml Apfelsaft, 1 TL Butter, 1 EL Rohrzucker, 2 EL BBQ-Sauce, Salz, Pfeffer

Zubereitung

Den Grill für das indirekte Grillen vorbereiten. In der Zwischenzeit kann der Schweinelachs pariert und mit dem BBQ-Rub eingerieben werden. Den Grill auf 150 °C Garraumtemperatur einregulieren und das Fleisch bis zu einer Kerntemperatur von 55 °C in der Hitze verweilen lassen.

Sobald die Kerntemperatur erreicht ist, wird der Schweinelachs mit der BBQ-Sauce bestrichen und bis zu einer Kerntemperatur von 60 °C weiter gegart. Zu guter Letzt wird der Schweinelachs tranchiert und nach Wunsch mit etwas weiterer BBQ-Sauce serviert.

REZEPTE SCHWEIN

101

Just Steaks

Tipp:
Wenn man die Bananenblätter vorher „bügelt" oder kurz auf den warmen Grill legt, sind sie leichter faltbar. Wem hier die Farbe fehlt, der kann dem Steak zum Finishen noch ein Grillmuster verpassen.

Schweinekotelett

aus dem Bananenblatt

Zutaten

1 Schweinekotelett, 1 Bananenblatt (ein ausreichend großer Streifen),
1 TL Butterschmalz, Salz

Zubereitung

Den Grill sowohl für das direkte, als auch für das indirekte Grillen vorbereiten. Das Schweinekotelett trocken tupfen, mit geschmolzenem Butterschmalz einreiben und salzen.

Das Bananenblatt ausbreiten und das Kotelett mehrmals darin einschlagen und einpacken. Mit Fleischgarn wird das Päckchen dann wie ein Geschenk über alle Seiten eingewickelt.

Das Fleischpaket nun 6 Minuten von jeder Seite angrillen und im Anschluss die Kerntemperatur prüfen. Sollte die gewünschte Kerntemperatur noch nicht erreicht sein, wird das Paket in den indirekten Bereich gelegt, bis es fertig ist.

Schweinekotelett

mit Salbeibutter

Zutaten

1 Schweinekotelett, 1 TL Butterschmalz, 1 EL Butter, 1 Zweig Salbei, Salz, fermentierter Pfeffer

Zubereitung

Den Grill sowohl für das direkte, als auch das indirekte Grillen vorbereiten. Im indirekten Bereich eine Gusspfanne aufheizen und währenddessen das Fleisch mit Butterschmalz einreiben und salzen.

Dem Kotelett nun in der Gusspfanne eine ordentliche Kruste verpassen und das Fleisch samt Pfanne in den indirekten Bereich ziehen. Die kalte Butter hinzugeben.

Sobald sie geschmolzen ist, kann der Salbei in die Pfanne. Das Fleisch mit der Salbeibutter arosieren und bis zur gewünschten Kerntemperatur im indirekten Bereich garziehen lassen.

Ist die gewünschte Kerntemperatur erreicht, das Fleisch tranchieren, mit der Salbeibutter beträufeln und mit dem fermentierten Pfeffer garnieren.

Tipp:

Mit der Butter einen kleinen Moment warten, bis die Pfanne nicht mehr ganz so heiß ist. Sonst besteht die Gefahr, dass die Molke schnell verbrennt.

Tipp: Ich empfehle die Zugabe von Apfelholz zum Smoken, um den Geschmack noch zu intensivieren.

Double Cut Bacon

grilled

Zutaten

4 Scheiben Schweinebauch, geräuchert, 1 cm dick, 200 ml Apfelsaft,
1 EL Rohrzucker, Salz, Pfeffer

Zubereitung

Den Zucker in einem kleinen Topf karamellisieren lassen und mit Apfelsaft ablöschen. Nun den Saft so lange einkochen, bis er zähflüssig wird.

In der Zwischenzeit den Grill sowohl für das direkte, als auch das indirekte Grillen vorbereitet. Den Schweinebauch leicht salzen und scharf angrillen.

Sobald der Bauch von beiden Seiten angegrillt ist, von beiden Seiten mit dem eingekochten Apfelsaft einpinseln, mit frisch gemahlenem Pfeffer würzen und indirekt für 10 Minuten bei 140–160 °C weiter grillen.

REZEPTE BEILAGEN

Just Steaks

Just Stea
and Po
Burnt

REZEPTE BEILAGEN

Just Steaks

Für den Fall der Fälle, dass du an einem Tag mehrere Rezepte aus diesem Buch nachgrillst, habe ich hier etwas ganz Besonderes für dich. Stell dir einen Grill auf, der indirekt laufen kann. Dort ziehst du deine Steaks gar, bereite parallel dazu dieses Rezept zu. „finger licking good" kann ich da nur sagen! Viel Spaß!

Tipp:
Bei der Auswahl des Rubs kann experimentiert werden. Glücklicherweise hat Ankerkraut eine riesige Auswahl an exzellenten BBQ-Rubs.

Pork Belly
Burnt Ends

Zutaten

800 g Schweinebauch, 50 g Butter, 50 g BBQ-Rub, 50 g Rohrzucker, 100 ml BBQ-Sauce, ½ Limette, der Saft, ein paar Zweige Petersilie, Wood Chunks

Zubereitung

Den Schweinebauch von der Schwarte, den Knorpeln und Knochen befreien und in 3 cm dicke Würfel schneiden. Den BBQ-Rub mit den Schweinebauchwürfeln vermengen und über Nacht im Kühlschrank ruhen lassen, entweder vakuumiert oder luftdicht in Frischhaltefolie verpackt.

Den Grill auf 120 °C für das indirekte Grillen vorbereiten, ein paar Wood Chunks auf die Glut legen und die Würfel für 2 Stunden in den indirekten Bereich legen. Im Anschluss werden die gesmokten Pork-Belly-Würfel zusammen mit der Butter, dem Rohrzucker und dem Limettensaft in eine feuerfeste Schale gegeben und abgedeckt für weitere 60 Minuten auf dem Grill gegart. Zu guter Letzt die BBQ-Sauce über die Schweinebauchwürfel geben, alles ordentlich vermengen und mit frischer Petersilie garnieren.

REZEPTE BEILAGEN

112

Just Steaks

REZEPTE BEILAGEN

113

Just Steaks

Die Mengenangabe „Bund" bei den Kräutern ist häufig sehr ungenau und irreführend. Wenn hier von einem „Bund" die Rede ist, sind das 100 g inklusive der Stiele und ca. 75 g ohne Stiele.

Chimichurri

Tipp:
Mindestens eine halbe Stunde vor dem Servieren „stehen" lassen. Wer es etwas saurer mag, gibt nicht zu viel Zucker hinzu. Wer es etwas würziger mag, darf gerne mehr als 1 TL Salz hinzugeben.

Zhug

Tipp:
Wer es schärfer mag, kann die Jalapeños einfach komplett – aber ohne Strunk – verarbeiten.

Chimichurri

Zutaten

1 Bund Petersilie, 1 Bund Basilikum, ½ Bund Minze, 1 Limette, Saft und Zesten, 3 Knoblauchzehen, 180 ml Olivenöl (z. B. Band of Chefs), 50 ml weißer Balsamico, 50 ml kaltes Wasser, 1 EL Cashewkerne, gerne auch Cashewbruch, 2 rote Chilis, Zucker, Salz, Pfeffer

Zubereitung

Die Cashewkerne grob klein hacken bzw. mit einem stumpfen Gegenstand klein „klopfen". Die „crushed" Cashews goldbraun anrösten und abkühlen lassen.

Die Kräuter von den Stielen befreien und zusammen mit dem Knoblauch und den Chilis grob hacken. Je nach gewünschter Konsistenz, kann das Chimichurri ruhig etwas grober bleiben.

Nun alles zusammen in eine Schüssel geben, einige Limettenzesten zugeben, den Limettensaft mit dem Essig und dem Wasser verrühren und ebenfalls hinzufügen. Salz, Zucker und Pfeffer nach Belieben zum Abschmecken hinzugeben, langsam mit Olivenöl aufgießen und einrühren, damit eine Emulsion entsteht.

Zhug

Zutaten

8 grüne Jalapeños, 3 Knoblauchzehen, 2 EL Sin Oil Cold Smoked, 4 Zweige Koriander, 1 TL Limettensaft, 1 TL Honig, Salz

Zubereitung

Die Jalapeños von den Strünken befreien und halbieren. Die Knoblauchzehen schälen und die Korianderblätter abzupfen.

Nun die Jalapeños zusammen mit dem Knoblauch, dem Limettensaft und dem Honig in einen Mixer geben. Kurz anmixen und danach auf kleiner Stufe das Sin Oil und den gezupften Koriander hinzugeben.

Mit Salz bis zum gewünschten Ergebnis abschmecken.

Grilled Ajvar

Zutaten

6 rote Paprika, 3 Knoblauchzehen,
1 Aubergine, 1 TL Honig, 100 ml Olivenöl
(z. B. Band of Chefs), 1 EL Weißweinessig,
1 TL zerstoßener Pfeffer, Salz

Zubereitung

Die Paprika im direkten Bereich des Grills so lange angrillen, bis die Haut dunkel wird und sich lösen lässt. Die komplette Haut dann einfach abziehen und die Kerne samt Strunk entfernen.

Die Aubergine kurz direkt angrillen und anschließend so lange in den indirekten Bereich legen, bis sie weich ist.

Die Aubergine längs halbieren und das Fruchtfleisch mit einem Löffel rauskratzen. Den Knoblauch schälen und zerdrücken.

Nun alle Zutaten zusammen in einen Mixer geben und bis zur gewünschten Konsistenz pürieren. Zum Schluss das Ajvar je nach Vorliebe mit Salz abschmecken.

Salsa Verde

Zutaten

1 Bund Basilikum, ½ Bund Blattpetersilie,
½ Bund Rucola, 1 Bund Minze,
3 Knoblauchzehen, 1 TL Kapern, 1 TL Senf,
1 EL weißer Balsamico, 50 ml Olivenöl
(z. B. Band of Chefs), Salz, Pfeffer

Zubereitung

Die Kapern zusammen mit den gezupften Kräutern und dem Knoblauch fein hacken. Senf, Essig und Olivenöl hinzugeben. Mit Salz und Pfeffer abschmecken und im Kühlschrank etwa eine Stunde ziehen lassen.

Grilled Ajvar

Tipp:

Je länger die Paprika auf dem Grill sind, desto besser lässt sich die Haut lösen. Was aber nicht heißen soll, dass sie bis ins Unermessliche verkohlen soll.

Salsa Verde

Tipp:

Wer noch mehr „Bumms" an der Salsa haben möchte, kann noch 5 klein gehackte Sardellen unterheben. Das gibt dem Ganzen noch etwas mehr Fülle.

Tipp:

Für den Extra-Kick kann man hier noch 3 Sardellen mit einarbeiten. Einfach fein hacken und mit den übrigen Zutaten vermengen.

Gremolata

Tipp:

Sollte die Sauce zu dick sein, kann man sie vorsichtig durch Zugabe von Wasser wieder verdünnen.

Teriyaki Sauce

Gremolata

Zutaten

1 Bund glatte Petersilie, 2 Zitronen, 2 Knoblauchzehen, 20 ml Olivenöl (z. B. Band of Chefs), Salz

Zubereitung

Die Zesten der Zitrone mit einer Reibe abnehmen. Die Petersilie zusammen mit dem Knoblauch fein hacken. Die vorbereiteten Zutaten zusammen mit dem Olivenöl vermengen und mit etwas Salz abschmecken.

Teriyaki Sauce

Zutaten

120 ml Sojasauce, 120 ml Sake, 120 ml Mirin, 55 g brauner Zucker, 2 EL Honig, 1 Knoblauchzehe, 50 ml kaltes Wasser, 2 TL Maisstärke

Zubereitung

Den Knoblauch sehr fein hacken und alle Zutaten bis auf das Wasser und die Maisstärke zusammen in einem Topf erhitzen. Das kalte Wasser mit der Maisstärke verrühren und langsam in die heiße Sauce einrühren.

In Gläser oder Schalen abfüllen und abkühlen lassen.

Fruity Salsa

Zutaten

120 g Ananas, 1 Birne, 1 rote Zwiebel,
1 Handvoll Minzblätter, 1 Jalapeño, 1 Limette,
Saft und Zesten, 1 Handvoll Korianderblätter,
1 TL Zucker (optional), Salz

Zubereitung

Die Ananas, die Birne, die entkernte Jalapeño und die Zwiebel in sehr feine Würfel schneiden. Die Minze und den Koriander fein hacken. Das Ganze mit dem Limettensaft und den -zesten vermengen und je nach Süße der Früchte der Säure mit etwas Zucker entgegenwirken. Mit einer Prise Salz abrunden.

Aioli

Zutaten

6 Knoblauchzehen, 120 ml neutrales Öl,
1 TL Salz, 1 TL milder Senf,
1 Eigelb, ½ Zitrone, 1 EL Estragonblätter,
weißer Pfeffer

Zubereitung

Den Knoblauch zusammen mit dem Salz in einem Mixer oder Mörser zu einer Paste verarbeiten. Die gehackten Estragonblätter, das Eigelb, den Senf und den Zitronensaft mit der Knoblauchpaste glattrühren.

Nun nach und nach das Öl einrühren und aufpassen, dass die Emulsion hält. Mit Salz und Pfeffer abschmecken.

Fruity Salsa

Tipp:
Wer die Salsa gerne schärfer mag, kann die Jalapeño komplett verarbeiten.

Aioli

Tipp:
Wem die Aioli zu „sauer" ist, kann gerne etwas Zucker zum Abschmecken nutzen.

Pesto

Tipp:
Je nach Art des Basilikums können die Stiele auch mit püriert werden. Beim herkömmlichen Basilikum aus dem Supermarkt sind sie allerdings zu bitter.

Blue Cheese Sauce

Tipp:
Ganz wichtig: Den Topf niemals aus den Augen verlieren und ständig rühren, da es sonst schnell anbrennt, und die Hitze nicht zu „hoch fahren"!

Pesto

Zutaten

1 Bund Basilikum, 2 EL Pinienkerne,
50 g Parmesan, 100 ml Olivenöl,
2 Knoblauchzehen, 1 Spritzer Zitronensaft,
je 1 Prise Salz & Pfeffer

Zubereitung

Das Basilikum waschen und die Blätter von den Stielen zupfen. Die Pinienkerne zusammen mit den geschälten und zerdrückten Knoblauchzehen soweit anrösten, dass sie sichtlich braun sind.

Der Parmesan sollte in kleinere Stücke vorgeschnitten werden. Nun alle Zutaten zusammen in einen Mixer geben und das Pesto bis zur gewünschten Konsistenz pürieren. Ich mag es etwas grober – es besteht aber auch die Möglichkeit, das Pesto komplett glatt zu pürieren.

Blue Cheese Sauce

Zutaten

240 ml Sahne, 100 g Blauschimmelkäse,
1 TL Senf, ½ Handvoll Schnittlauchröllchen,
1 Limette, Saft und Zesten, Salz, Pfeffer

Zubereitung

Die Sahne auf mittlerer Hitze ganz langsam um ungefähr ein Drittel einreduzieren. In der Zwischenzeit den Käse kleinschneiden.

Ist die Sahne einreduziert, kann der Käse eingerührt werden. Sobald er geschmolzen ist, die restlichen Zutaten einrühren und mit Salz und Pfeffer abschmecken.

Gewürze

Je nach Steak-Cut und Reifeverfahren ist ein Gewürz nicht zwingend notwendig. Die Kür ist es, den Fleischgeschmack zu unterstützen bzw. hervorzuheben. Dabei kommt es nicht nur auf die richtigen Gewürze an, sondern auch auf die Kombinationen oder die Dosierung.

Es ist absolut spannend, mal mit außergewöhnlichen Salz- und Pfeffer-Sorten zu experimentieren. Sie runden das Ergebnis ab und sorgen für eine tolle Symbiose zwischen Fleisch und „Geschmackstunern".

Voatsiperifery Pfeffer

Rosa Pfeffer

Schwarzer Kampot

Roter Kampot

Schleifer

Was bringt das beste Stück Fleisch, wenn man nicht das passende Werkzeug dazu hat? Exakt: nicht viel. Wir wollen dem Fleisch vor und nach der Zubereitung die Ehre und den Respekt zollen, den es verdient und es auf einem handgefertigten „Kantmann" ruhen lassen, um es anschließend darauf mit einem sehr scharfen Messer in Tranchen zu schneiden.

Ob Karbonstahl, handgefertigter Damaszenerstahl oder DLC-beschichtet bleibt jedem selbst überlassen und liegt neben der Schärfe auch immer im Auge des Betrachters – auch der ästhetische Aspekt spielt hier eine große Rolle.

Stumpfe Messer „reißen" oder „quetschen" das Fleisch nur unnötig. Auch das Parieren ist mit einem scharfen Messer die pure Freude, mit einem stumpfen eher zum Abgewöhnen. Und dass ein Messer trotz guter Pflege nicht ewig scharf bleibt, ist auch kein Geheimnis. Dazu gibt es verschiedene Helfer, die einem die Arbeit erleichtern. Sei es ein einfacher Wetzstab, ein Abzieher der Firma F. Dick, ein Schleifstein oder auch ein Horl Rollschleifer – viele Wege führen zum scharfen Messer.

Porttable
Neinha de Freixo-Oliven, Anbaugebiet Obere Douro, Portugal

Fio de Beira
Galega- und Cobrançosa-Oliven, Anbaugebiet Castelo Branco, Portugal

Christakis Nr. 1
Amphissis Oliven, Anbaugebiet Agia Marina, Agrinio, Griechenland

Olivenöl

Für den ganz authentischen, unverfälschten Steakgenuss gibt es kaum etwas Besseres als ein Finish mit Olivenöl. Dabei eignen sich vor allem hochwertige Öle, die aus früh geernteten grünen Oliven schonend hergestellt werden.

Ihre herbe Frische, der spürbare Mandelbitter-Ton, der nussige, pikante Geschmack, der mitunter an frisch gemähtes Gras erinnert – all diese Nuancen harmonieren wunderbar mit den Röstaromen und dem Eigengeschmack des Fleisches. Im Grunde handelt es sich dabei um Würzöle, die den Gerichten zusätzliche Power und einen wunderbaren Kick geben.

Ob Koroneiki, Picual, Amphissis, Tonda Iblei oder Galega – es gibt eine ganze Reihe von Olivensorten, die in Abhängigkeit des Terroirs besonders ausdrucksstarke Öle hervorbringen, die eine wunderbare Liaison mit hochwertigem Fleisch eingehen können.

DANKSAGUNG

134

Just Steaks

Danke

ich möchte mich bei allen Menschen bedanken, die an dem Buch mitgewirkt haben!

Danke an alle Hersteller, die mich bei der Entwicklung mit ihren ausgezeichneten Produkten unterstützt haben.

- yourbeef mit Fleisch
- Ankerkraut mit Gewürzen
- Kantenbruch mit Schneidebrettern und Werkzeughaltern
- BBQ-Scout für Thermometer, Paletten und Zubehör
- F. Dick und Güde mit Messern und Zubehör
- Horl mit dem Schleifer
- Efthimios Christakis – The Man for the Oil!

Das größte DANKESCHÖN geht an meinen langjährigen Blog-Partner, Metzger des Vertrauens & Freund Stefan Grauer von der Metzgerei Kiesinger (yourbeef). Er ist nicht nur der Hauptsponsor des Fleisches, sondern auch ein sehr guter Freund geworden. Danke für deine Inspirationen und die Unterstützung! Danke an Marco von BBQ Rules und Maja von moeys kitchen, ohne die dieses Projekt gar nicht möglich gewesen wäre.

Ganz herzlichen Dank an Dilek, Paul, Lars & Jana von Tellerabgeleckt, Flo und Niki von Bigmeatlove – bedingungslos habt ihr mir immer geholfen. Das werde ich euch mein Leben lang nicht vergessen!

Danke an Stephanie Globert für das Layout. Svenjamin und Argang für die Inspirationen. Quentin Albert für den alltäglichen Wahnsinn. Oliver Mühlen (Steakgewitter) für die Kontakte in die Welt der Solinger Messer. Benny von gernekochen für Rat und Tat, Andreas Berschl für den Balsam auf der Seele und die tolle Unterstützung.

Dieses Buch widme ich meinen wundervollen Kindern.
#crewlove #coolivia #valentino

137

Just Steaks

Hier herausreißen!

Grillanzünder

herausreißen, anzünden, grillen

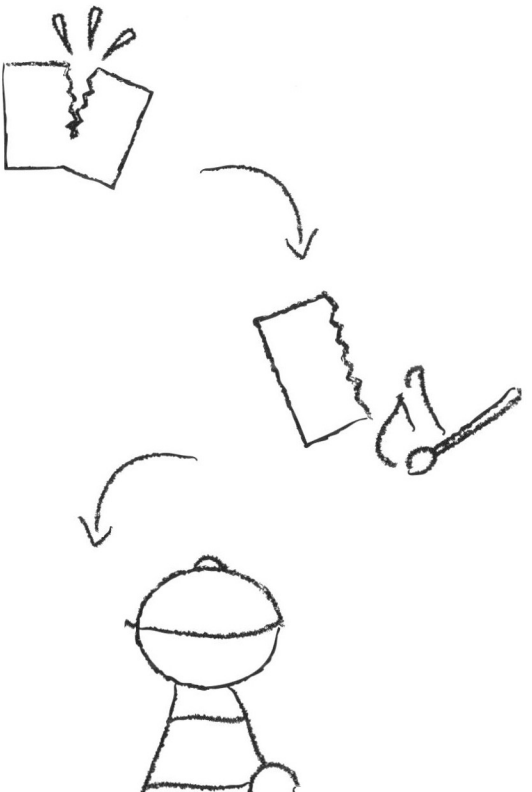

Du magst dein Fleisch well done?
Dann solltest du dieses Buch lieber einem
wahren Fleischliebhaber schenken.

GRILLANZÜNDER

Just Steaks

Hier herausreißen!

Grillanzünder

herausreißen, anzünden, grillen

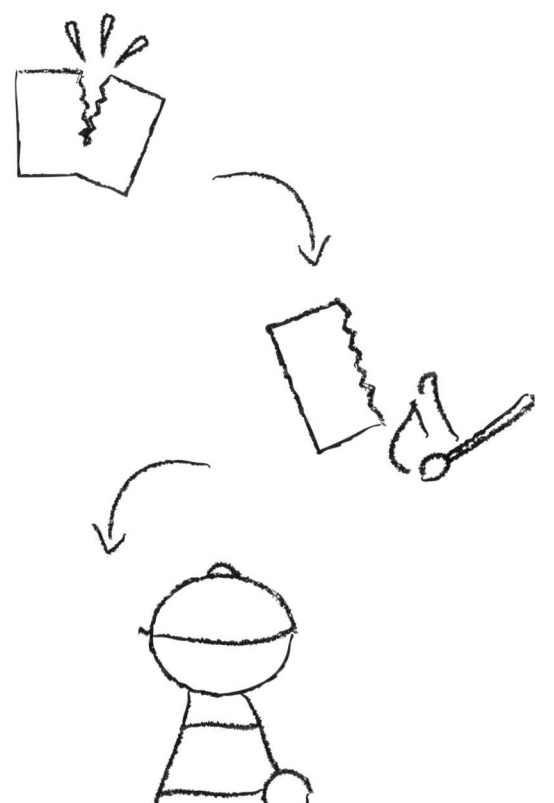

142 GRILLANZÜNDER

Just Steaks

Stefan Grauer
Fleischexperte und Shopmanager bei yourbeef.de

Dein 10,00 € **Gutscheincode** für Deine erste Bestellung:*

JustSteaksfromYourbeef

Dir gefallen die Bilder in diesem Buch?
Mir auch - schließlich ist es Fleisch von yourbeef.de

Aus unserem Tübinger Handwerksbetrieb versenden wir bestes Fleisch. Dry Aged ist unsere Spezialität. Auch exotische Cuts wie Picanha, Hanging Tender, Flank und Flat Iron sind für uns selbstverständlich.

Bestelle jetzt unter www.yourbeef.de. Bei Fragen berate ich gerne unter Tel: 07071 3659 116.

yourbeef
Der Fleischversand für Kenner

*Zur Einlösung des Gutscheins ist die Registrierung im Shop notwendig.

BESSER GRILLEN MIT HEEL

336 Seiten, zahlreiche Farbfotos, 183 x 225 mm, gebunden, ISBN 978-3-95843-052-5
29,95 €

200 Seiten, zahlreiche Farbfotos, 237 x 292 mm, gebunden, ISBN 978-3-95843-156-0
49,95 €

136 Seiten, zahlreiche Farbfotos, 183 x 225 mm, Flexocover, ISBN 978-3-95843-346-5
16,99 €

160 Seiten, gebunden, 205 x 324 mm, ISBN 978-3-95843-713-5
EUR 18,00

Unsere Bücher erhalten Sie in Ihrer Buchhandlung oder unter www.heel-verlag.de